AF240345

The Royal Mail Steam Packet C°

RÉSUMÉ DE LA LOI

SUR

l'Immigration aux États-Unis d'Amérique

du 5 FÉVRIER 1917.

PARIS,

Résumé de la Loi sur l'Immigration aux États-Unis

du 5 Février 1917

distribué aux Compagnies de transport pour qu'il soit
affiché d'une manière très visible dans leurs bureaux
à l'Etranger et lisiblement imprimé dans la langue du
pays où se trouvent lesdits bureaux, conformément à la
Section 8 de la Loi sur l'Immigration aux États-Unis du
3 Mars 1893 (27 Stat. 569).

*N. B. — Ce résumé n'est qu'un bref exposé des dispositions
de la Loi sur l'Immigration que l'on considère comme étant
l'esprit de la Loi du 3 Mars 1893 qui exige que ledit résumé
soit porté à la connaissance des passagers éventuels par les*

Art. 2. — L'article 2 prescrit qu'une taxe de $ 8 doit être payée par tout étranger, excepté par les enfants au-dessous de 16 ans accompagnés de leur père ou de leur mère, à leur entrée aux Etats-Unis ; ladite taxe s'applique aussi aux marins légalement admis. Cette taxe ne s'applique pas aux étrangers qui ont résidé pendant un an sans interruption au Canada, à Terre-Neuve, à Cuba ou au Mexique ou qui viennent y séjourner temporairement, ni aux étrangers admis à transiter par les Etats-Unis à destination des pays étrangers.

Art. 3. — Nul étranger ne pourra entrer aux Etats-Unis s'il appartient à une des catégories suivantes :

1. — Les idiots, imbéciles, faibles d'esprit, épileptiques, déments et personnes qui ont eu avant leur arrivée aux Etats-Unis une ou plusieurs attaques de folie.

2. — Les personnes de constitution faible.

3. — Les alcooliques.

4. — Les indigents, les mendiants de profession, les vagabonds.

5. — Les personnes atteintes de tuberculose sous quelque forme que ce soit, ou affligées d'une maladie repoussante ou contagieuse.

6. — Les personnes non comprises dans les catégories ci-dessus qui, après examen, seront reconnues incapables moralement et physiquement de gagner leur vie.

7. — Les personnes qui ont subi une ou plusieurs condamnations ou qui reconnaissent avoir commis un crime ou tout autre acte indiquant une moralité défectueuse.

8. — Les polygames ou toute personne pratiquant la polygamie ou y croyant.

9. — Les anarchistes ou les partisans de la destruction par la force ou la violence du Gouvernement des Etats-Unis ou de toute autre organisation légale. Les personnes qui ne croient pas ou qui sont opposées à tout gouvernement organisé, qui préconisent l'assassinat des fonctionnaires, la destruction illégale de la propriété. Les membres affiliés à des groupes révolutionnaires combattant tout gouvernement organisé ou préconisant le devoir, la nécessité et l'opportunité d'attaquer

ou de tuer un ou des fonctionnaires du Gouvernement des Etats-Unis ou de tout autre gouvernement organisé.

10. — Les prostituées ou les personnes venant aux Etats-Unis dans le but de se livrer à la prostitution ou pour tout autre objet immoral ; les personnes qui, directement ou indirectement, amènent ou cherchent à faire entrer des prostituées ou tout autre personne dans un but immoral ; les souteneurs et les personnes qui vivent de la prostitution.

11. — Les personnes dites ouvriers sous contrat, qui ont été incitées, encouragées et amenées à émigrer aux Etats-Unis à la suite d'offres ou de promesses d'emploi, que ces offres ou promesses soient exactes ou trompeuses, ou à la suite d'engagements verbaux, écrits ou imprimés, explicites ou non, pour effectuer dans ce pays un travail de n'importe quel genre demandant des aptitudes spéciales ou non ; les personnes venues aux Etats-Unis parce qu'elles y ont été incitées par des offres d'emploi publiées à l'étranger.

12. — Les personnes susceptibles de tomber à la charge publique.

13. — Les personnes qui ont été déportées en vertu des prescriptions de cette loi et qui, moins d'un an après leur déportation, cherchent de nouveau à entrer aux Etats-Unis. Des exceptions pourront être faites par le Ministre du Travail, mais, dans ce cas, l'autorisation d'entrer aux Etats-Unis devra être accordée avant l'embarquement.

14. — Les personnes dont le billet de passage a été payé par un tiers ou qui ont été aidées dans leur voyage par un tiers, à moins qu'il soit prouvé d'une façon tout à fait affirmative et satisfaisante qu'elles n'appartiennent pas à l'une des catégories précitées. Les personnes dont le billet a été payé par une Société, Association, Municipalité ou par un Gouvernement, directement ou indirectement.

160e méridien longitude est de Greenwich et au nord du 10e parallèle latitude sud, ou les personnes nées dans un pays, dans une province ou dans une région situés en Asie, ouest du 110e méridien longitude est de Greenwich et sud du 50e parallèle latitude nord. Exception sera faite pour la portion de territoire comprise entre le 50e et le 64e méridiens longitude est de Greenwich et le 24e et 38e parallèles latitude nord.

Cette disposition n'est pas applicable aux fonctionnaires publics, aux ministres des différentes religions, aux missionnaires, aux hommes de loi, aux médecins, aux pharmaciens, aux ingénieurs, aux professeurs, aux étudiants, aux auteurs littéraires, aux artistes. aux hommes d'affaires et aux touristes, à leurs femmes légitimes ou à leurs enfants de moins de 16 ans qui les accompagnent qui, ultérieurement, demanderont à être admis aux Etats-Unis.

18. — Trois mois après l'adoption de cette loi. tous les étrangers âgés de plus de 16 ans, susceptibles de pouvoir lire, qui ne peuvent pas lire la langue anglaise ou toute autre langue ou dialecte, y compris la langue juive. Toutefois un étranger admissible ou admis légalement avant ou après la promulgation de cette loi, ou tout citoyen des Etats-Unis pourra introduire ou faire venir aux Etat-Unis son père ou son grand-père âgé de plus de 55 ans, sa femme, sa mère, sa grand'mère ou sa fille célibataire ou veuve, même s'ils ne savent pas lire, mais remplissant par ailleurs toutes les conditions de la loi. En vue de se rendre compte si les étrangers savent lire, les inspecteurs d'immigration leur soumettront des feuilles de dimension égale préparées sous la direction du Ministre du Travail et contenant 3o mots au minimum et 40 mots au maximum d'usage courant imprimés bien lisiblement dans une des langues ou dans un des dialectes habituels des immigrants. Chaque étranger pourra choisir la langue ou dialecte dans laquelle il désire subir l'examen et l'inspecteur lui demandera de lire les mots

qui ont été admis légalement aux Etats-Unis et qui y ont eu une résidence continuelle pendant cinq ans et qui retournent aux Etats-Unis dans un délai de six mois à compter de la date de leur départ des Etats-Unis; tous les étrangers en transit; tous les étrangers régulièrement admis aux Etats-Unis et qui ultérieurement iront d'un point des Etats-Unis à un autre point en passant par un territoire étranger limitrophe. Les personnes ayant commis ou qui admettent avoir commis un délit purement politique, ou qui préconisent l'accomplissement ou incitent à l'accomplissement d'un délit purement politique ne tombent pas sous le coup de cette loi. De même les prescriptions de cette loi relatives au paiement des billets de passage par une Compagnie, Association, Société, Municipalité, ou par un Gouvernement étranger, ne s'appliquent pas aux billets de passage des étrangers qui se rendent directement à travers les Etats-Unis dans un pays étranger limitrophe. Les ouvriers spécialistes admissibles pourront être introduits aux Etats-Unis s'il est reconnu impossible d'y trouver de la main-d'œuvre spécialiste. Les personnes désirant faire entrer aux Etats-Unis des ouvriers spécialistes devront s'adresser au Ministre du Travail qui tranchera en dernier ressort. La demande doit être adressée avant que les ouvriers spécialistes ne quittent le pays étranger; elle ne pourra être satisfaite qu'après une enquête approfondie.

Toutes les prescriptions de cette loi concernant les ouvriers dits « sous contrat de travail » ne seront pas applicables aux acteurs de profession, aux artistes, aux conférenciers, aux chanteurs, aux infirmières, aux Ministres de tous les cultes, aux professeurs des lycées ou séminaires, aux personnes appartenant à des professions libérales, ou aux domestiques.

Quand le président constatera que les passeports délivrés par un Gouvernement étranger à ses citoyens ou sujets pour un pays quelconque autre que les Etats-Unis, ou pour une île appartenant aux Etats-Unis, ou pour la zone du Canal, sont utilisés en vue de permettre à ces citoyens ou sujets d'entrer sur le territoire proprement dit des Etats-Unis au détriment de la main-d'œuvre américaine il pourra refuser l'entrée des Etats-Unis aux dits citoyens ou sujets du pays émettant ces passeports.

Les étrangers retournant aux Etats-Unis après une absence temporaire pour y regagner un domicile qu'ils n'ont pas abandonné pendant sept années consécutives pourront être admis à la discrétion du Ministre du Travail et sous les conditions qu'il pourra stipuler.

Tout exposant étranger, toute personne autorisée à prendre part à une foire ou à une exposition sanctionnée par un acte du Congrès, ne sera pas soumis aux restrictions relatives aux contrats de travail ou à l'examen littéraire. Il pourra amener aux Etats-Unis, sous contrat, des mécaniciens étrangers, des artisans, des agents ou autres employés, nés dans son pays, en vue d'installer et exploiter son exposition ou pour la préparer, etc. Ces personnes devront remplir les autres conditions de la loi,

Le Commissaire général de l'Immigration, avec l'approbation du Ministre du Travail, pourra établir un règlement pour ce qui concerne l'admission et le rapatriement de ces personnes. Le Commissaire général de l'Immigration, avec l'approbation du Ministre du Travail, établira des règlements, fixera les cautionnements nécessaires, en vue de contrôler et de régler l'admission d'étrangers indésirables demandant à entrer aux Etats-Unis temporairement.

Les fonctionnaires de Gouvernements étrangers, leur suite, leur famille, ou leurs invités, ne sont pas soumis aux prescriptions de cette loi.

L'Art. 11 du règlement sur l'Immigration (basé sur une stipulation de la Loi de 1917 sur l'Immigration et promulgué comme une clause de l'article 3 de la Loi du 5 février 1917, d'accord avec le Japon) exclue les travailleurs Japonais et Coréens, spécialistes ou non, qui ne présentent pas un passeport de leur propre gouvernement les autorisant à quitter un pays étranger à destination des Etats-Unis.

Suivant la dernière clause de l'art. 18, et la dernière clause de l'art, 23 respectivement, tout étranger qui en accompagne un autre qui est malade, incapable ou en bas âge, et tous étrangers qui arrivent aux frontières terrestres, sont exclus des Etats-Unis, à moins qu'ils ne prouvent qu'ils ont habité pendant deux années consécutives le pays étranger limitrophe aux Etats-Unis ou qu'ils aient été amenés dans ce pays par une Compagnie de transport ayant un contrat avec le Gouvernement des Etats-Unis en ce qui concerne l'Immigration.

Art. 4. — L'article 4 interdit l'importation ou toute tentative d'importation d'étrangers dans un but de prostitution ou pour tout autre motif immoral sous peine d'un emprisonnement de dix ans et d'une amende de 5.000 dollars. Tout étranger qui, après avoir été exclu ou déporté pour motif d'immoralité essaiera de rentrer aux Etats-Unis sera reconnu coupable de délit et puni d'un emprisonnement de deux ans au maximum.

Art. 5. — Il est interdit à une personne quelconque, à une Compagnie, à une Société, à une Association, de payer à l'avance le transport d'ouvriers pour les Etats-Unis, ou d'assister, inciter, encourager ou solliciter, etc., l'importation aux Etats-Unis de cette même catégorie d'ouvriers par des offres ou promesses d'emplois, vraies ou fausses, ou par des contrats oraux, écrits ou imprimés, expressément ou implicitement.

Pour chaque violation de cette loi, la dite personne, Société, Association ou Compagnie susceptible d'être poursuivie civilement ou correctionnellement paiera une amende de 1.000 dollars ou subira un emprisonnement de deux ans.

Art. 6. — L'article 6 prévoit les amendes énumérées à l'article 5 et concernant l'impression, la publication et la distribution des réclames dans les pays étrangers.

Art. 7. — L'article 7 interdit aux Compagnies de transport de solliciter, encourager, assister ou inciter l'immigration d'une manière quelconque. Toutefois elles peuvent publier des lettres, circulaires et annonces se bornant strictement à donner les dates de départ de leurs navires, leurs conditions et facilités de transport ; en cas d'infraction, les dites Compagnies sont passibles des amendes prescrites à l'article 5 ou d'une amende de 400 dollars ; en cas de récidive, on leur refuse le privilège de débarquer des passagers étrangers aux Etats-Unis.

Art. 8. — Toute personne, qui aura débarqué aux Etats-Unis, ou qui aura tenté, elle-même, de débarquer aux Etats-Unis, ou qui cherchera à assister un étranger n'ayant pas été autorisé à débarquer par un inspecteur d'émigration, ou n'étant pas admissible aux Etats-Unis en vertu de cette loi sera reconnue coupable d'un délit et, sera punie d'une amende qui ne pourra pas dépasser $ 2.000 et d'un emprisonnement pour une période maxima de 5 ans pour chaque étranger ainsi débarqué ou amené, ou qu'elle aura tenté de débarquer ou d'amener.

Art. 9. — Toute Compagnie de transport amenant des étrangers aux Etats-Unis en provenance d'un pays étranger ou d'une île appartenant aux Etats-Unis, violera la présente loi s'il amène des étrangers atteints des infirmités suivantes : idiotisme, folie, imbécillité, faiblesse d'esprit, épilepsie, faiblesse générale de constitution, alcoolisme chronique, tuberculose, maladies contagieuses, dangereuses et repoussantes. Elle sera passible d'une amende de 200 dollars.

Une amende de 25 dollars sera infligée pour avoir amené un étranger atteint de tout autre maladie mentale ; une amende de 25 dollars sera infligée pour avoir amené un étranger dont la constitution physique pourrait l'empêcher de gagner sa vie ; une amende de 200 dollars sera infligée pour avoir amené un étranger exclu par l'article 3 soit pour défaut d'instruction soit parce qu'il est natif d'un territoire géographique défini dans le dit article. Dans chacun de ces cas, la Compagnie de transport doit déposer entre les mains du Receveur des Douanes une somme suffisante pour rembourser l'étranger du coût de son transport, la dite somme devant être remise à l'étranger par le receveur au moment de son départ.

Art. 10. — Toute personne, y compris les armateurs, capitaines et agents des Compagnies de navigation, amenant un étranger dans un port américain, devra faire en sorte que le débarquement du dit étranger n'ait lieu qu'au moment et à l'endroit désignés par les inspecteurs d'immigration. En cas de violation de cette prescription, la dite personne, y compris les armateurs, les capitaines et les agents des Compagnies de navigation, sera passible d'une amende variant de $ 200 à $ 1.000 par cas ou d'un emprisonnement maximum de un an, ou de l'amende et de l'emprisonnement. Si le Ministre du Travail juge qu'il est impossible ou difficile de poursuivre la personne, le capitaine ou l'agent du navire ayant amené l'étranger, une amende de $ 1.000 sera imposée au dit navire comme gage.

Art. 11. — L'article 11 donne pouvoir au Commissaire général de l'Immigration d'ordonner que les étrangers soient, dans certaines conditions, retenus à bord des navires dans les ports américains, au lieu de les diriger sur des stations d'Immigrants.

Art. 12 à 14. — Les articles 12 à 14 prescrivent que des manifestes imprimés ou dactylographiés et donnant de nombreux renseignements concernant les étrangers soient fournis par les Compagnies de transport.

Art. 15. — L'article 15 donne pouvoir aux autorités de l'Immigration d'examiner les étrangers à bord ou de les faire diriger sur des stations d'Immigrants. Il fixe la responsabilité des Compagnies de transport en ce qui concerne les dépenses encourues.

Art. 16. — L'examen physique et mental de tous les étrangers arrivant aux Etats-Unis sera effectué par des médecins, fonctionnaires du Service de Santé des Etats-Unis ayant au moins deux ans de pratique depuis l'obtention de leurs diplômes. Ils devront indiquer et certifier aux fonctionnaires de l'Immigration et aux Commissions d'enquête, tous les défauts physiques et mentaux, ainsi que les maladies observées sur les immigrants. Dans le cas où il n'y aurait pas de médecins du Service de Santé disponibles, ils seront remplacés par les médecins civils ayant au moins quatre années de pratique.

Tous les étrangers arrivant dans les ports des Etats-Unis seront examinés au moins par deux médecins du gouvernement et par des médecins qui se sont occupés spécialement des maladies cérébrales. Tout étranger reconnu atteint de folie ou de maladie mentale. pourra en appeler au bureau des médecins du Service de Santé, qui sera convoqué par le médecin chef, et le dit étranger pourra amener devant ce bureau, à ses frais, un médecin expert. Tous les étrangers arrivant. dans les ports des Etats-Unis seront examinés au moins par deux inspecteurs et seront examinés à nouveau par un Conseil d'Inspecteurs si les premiers inspecteurs ont un doute quelconque sur le droit de débarquer du passager. Toute personne qui aura fait une fausse déposition en ce qui concerne l'entrée des étrangers sera reconnue coupable d'un parjure et passible d'une amende maximum de 2.000 dollars et d'un emprisonnement maximum de cinq ans.

Toute personne, qui frappera, entravera, gênera, paralysera un fonctionnaire ou un employé de l'Immigration dans l'exercice de ses fonctions, sera punie d'un emprisonnement maximum d'un an ou d'une amende maxima de 2.000 dollars, ou de l'emprisonnement et de l'amende. Quiconque se servira d'armes meurtrières ou dangeureuses pour résister à un fonctionnaire ou à un employé de l'Immigration dans l'exercice de ses fonctions, sera emprisonné pour une période n'excédant pas dix années.

Art. 17. — L'article 17 indique comment sont constitués les tribunaux spéciaux d'enquête, interdit la parution aux audiences de conseillers légaux ou d'avocats, mais autorise un ami ou un parent de l'étranger à assister aux audiences ; permet à l'étranger de se pourvoir en appel devant le Ministre du Travail par l'intermédiaire du Commissaire de l'Immigration du port d'arrivée et du Commissaire général de l'Immigration. Sauf dans le cas où il s'agit d'étrangers atteints d'un forme quelconque de tuberculose ou de maladies dangereuses ou contagieuses ou de toutes affections mentales énumérées à l'article 3 ; ces derniers passagers ne sont pas autorisés à aller en appel.

Art. 18. — Tout étranger amené aux Etats-Unis en violation de la loi sera immédiatement renvoyé dans le pays d'où il vient, sur le navire et dans la classe dans lesquels il a été amené, aux frais des propriétaires du navire ayant amené ledit émigrant. Les compagnies de transports n'ont pas le droit de refuser de reprendre un étranger de cette catégorie. Elles devront s'assurer de la garde des étrangers à bord ; elles ne pourront pas refuser de rapatrier ces étrangers, comme il est dit plus haut, au port d'où ils viennent ; elles ne pourront pas refuser de payer les dépenses d'entretien à terre ; elles ne pourront pas réclamer aux étrangers une rémunération quelconque pour couvrir les frais de rapatriement, ou accepter une gratification quelconque en cas d'admission des étrangers, ou sciemment amener aux Etats-Unis, dans un délai d'un an après la date de déportation tout étranger rejeté ou arrêté et déporté en vertu de cette loi, à moins qu'avant l'embarquement le Ministre du Travail n'ait donné son consentement à la réadmission de l'étranger.

Si le Ministre du Travail acquiert la conviction qu'une Compagnie de transport a violé l'une des prescriptions ci-dessus, la dite compagnie paiera au receveur des douanes du district du port d'arrivée la somme de 300 dollars pour chaque infraction à la loi,

Aucun étranger, reconnu atteint de tuberculose ou d'une maladie repoussante, ou dangeureuse, ou contagieuse, exception faite des maladies exigeant une quarantaine, ne sera autorisé à débarquer pour être soigné dans un hôpital des Etats-Unis, à moins que le Ministre du Travail ne reconnaisse qu'un tel refus ne soit la cause de souffrances exceptionnelles et, dans ce cas, l'étrangers sera soigné, aux frais de la Compagnie de transport qui l'a amené, dans l'hôpital placé sous le contrôle des fonctionnaires de l'Immigration. Quand le médecin fonctionnaire déclarera dans son bulletin d'examen qu'une déportation immédiate d'un étranger atteint de folie mettrait en danger sa santé ou sa sécurité, le dit étranger pourra être maintenu à terre pour y être soigné aux frais du budget aussi longtemps que le dit médecin le jugera nécessaire.

Art. 19. — Les étrangers ci-dessous désignés seront, dans une période de cinq ans après leur admission aux Etats-Unis, mis en prison et déportés sur mandat du Ministre du Travail.

Tout étranger qui, au moment de son admission, appartenait à une ou plusieurs des catégories exclues par la loi. Tout étranger qui aura pénétré aux Etats-Unis ou qui sera trouvé à l'intériéur des Etats-Unis en violation de cette loi ou en violation de toute autre loi américaine. Tout étranger qui, à n'importe quel moment après son admission, sera surpris, préconisant ou enseignant la destruction illégale de la propriété, ou préconisant ou enseignant l'anarchie, ou le renversement par force ou violence du Gouvernement des Etats-Unis ou de toute autre organisation légale, ou l'assassinat des fonctionnaires. Tout étranger qui, cinq années après son admission, tombe à la charge publique pour des causes antérieures à son débarquement. Tout étranger, sauf dans les exceptions prévues ci-après, condamné à un emprisonnement d'un an ou plus, pour un crime commis aux-Etats-Unis dans une période de cinq ans après son admission, ou qui est condamné plusieurs fois à des peines d'emprisonnement pour crime commis à n'importe quel moment après son admission. Tout étranger pensionnaire ou affilié à l'exploitation d'une maison de prostitution, ou pratiquant la prostitution après son entrée aux Etats-Unis, ou qui prélèvera un bénéfice quelconque sur les gains d'une prostituée. Tout étranger qui dirige une maison de prostitution, ou un music-hall, ou une salle de danses, ou autre place de plaisir ou lieu de réunions, fréquentés habituellement par des prostituées ou servant de rendez-vous à des prostituées. Il en sera de même de tout étranger employé dans ces établissements. Tout étranger qui soutient ou protège des prostituées, ou leur promet de les protéger contre la police. Tout étranger qui importera ou essaiera d'importer une personne dans un but de prostitution ou pour tout autre motif immoral. Tout étranger qui, après avoir été exclu et déporté, ou arrêté et déporté comme prostituée ou comme entremetteur ou comme affilié dans un trafic de prostitution ou d'importation pour la prostitution, retournera et entrera aux États-Unis. Tout étranger condamné et emprisonné pour violation d'une des prescriptions de l'article 4. Tout étranger qui, avant son admission, avait été condamné ou qui reconnaît avoir commis un crime ou tout autre acte impliquant une moralité défectueuse. Tout étranger qui, dans un délai de trois ans après son admission, entrera aux États-Unis par eau ou par voie de terre en passant par des ports ou des points de frontière non reconnus par les autorités de l'Immigration et à d'autres moments que ceux désignés par elles. Tout étranger qui entrera aux Etats-Unis sans subir l'examen obligatoire.

Toute femme mariée à un Américain, condamnée à être repoussée ou rapatriée comme « personne immorale », ne sera pas reconnue comme jouissant des droits de citoyenne américaine si son mariage a été célébré après son arrestation ou après l'accomplissement d'actes la rendant passible de déportation en vertu des prescriptions de cette loi.

Art. 20. — L'article 20 prescrit que toutes dépenses encourues pour rapatrier des étrangers expulsés d'un port des Etats-Unis jusqu'au port de débarquement étranger seront à la charge de la Compagnie de transport qui les a amenés ; que toute infraction à ce règlement sera punie conformément aux stipulations de l'art. 15 ; que, lorsque le Ministre du Travail le jugera nécessaire, un surveillant pourra accompagner l'étranger déporté et ce au frais de la Compagnie de transport.

Art. 21. — Tout étranger passible d'exclusion parce qu'il pourrait tomber à la charge publique, ou parce qu'atteint de débilité physique ou de toute autre maladie que la tuberculose, ou d'une maladie repoussante ou dangereuse, ou contagieuse, pourra néanmoins être admis moyennant un cautionnement convenable, approuvé par le Ministre du Travail et réglé d'après ses prescriptions. Ces cautionnements ou dépôts ne sont acceptés que dans les cas exceptionnels où une injustice flagrante résulterait de la déportation immédiate du passager.

Art. 22. — Chaque fois qu'un étranger naturalisé ou ayant fixé sa résidence permanente aux Etats-Unis fera venir par la suite sa femme ou ses enfants mineurs et que la dite femme ou l'un des dits enfants mineurs sera atteint d'une maladie contagieuse quelconque, la dite femme ou les dits enfants pourront être détenus d'après des instructions qu'établira le Ministre du Travail, jusqu'à ce qu'il soit déterminé si leur maladie peut être guérie facilement ou s'ils peuvent être autorisés à débarquer sans danger. Leur admission ou leur déportation ne pourra pas être prononcée avant l'établissement de ces faits. Si l'on estime que la maladie est facilement guérissable et que le mari ou le père, ou toute autre personne responsable, est disposé à payer les frais de traitement, ils seront soignés dans un hôpital jusqu'à complète guérison et ensuite admis, ou, s'il est démontré qu'ils peuvent être débarqués sans danger pour les autes personnes, ils pourront être admis s'ils remplissent toutes les autres conditions de la loi. Si la personne qui fait venir sa femme ou ses enfants mineurs est naturalisée et si le mariage ou la naissance d'un des enfants a lieu après la naturalisation du mari ou du père, la femme ou les enfants mineurs seront admis sans détention dans un hôpital pour y être soignés. S'il s'agit d'une femme ou d'un enfant mineur dont le mariage ou la naissance a eu lieu avant la naturalisation du mari ou du père, les prescriptions de cet article seront observées même si la personne naturalisée ne peut pas payer les dépenses nécessitées par le traitement. Dans ce cas, elles seront prélevées sur le budget prévu pour l'exécution de cette loi.

Art. 23. — L'article 23 prescrit et décrit les pouvoirs et les devoirs conférés au Commissaire général de l'Immigration.

Art. 24 à 27. — Les articles 24 à 27 traitent de questions sans intérêt particulier pour les passagers étrangers éventuels.

Art. 28. — Suivant l'art. 28, est considéré comme délictueux et passible d'une amende maxima de $ 5.000 et d'un emprisonnement maximum de cinq ans, le fait d'aider un anarchiste à entrer aux Etats-Unis ; est considéré également délictueux le fait d'assister une personne partisante de la destruction illégale de la propriété, à entrer aux Etats-Unis ; elle est passible d'une amende maxima de $.1.000 ou d'un emprisonnement maximum de six mois.

Art. 29 et 30. — Les articles 29 et 30 ne sont d'aucun intérêt pour les immigrants éventuels.

Art. 31. — L'article 31 interdit à toute personne, y compris l'armateur, l'agent, le consignataire, le capitaine d'un navire quelconque d'inscrire sur le rôle d'équipage ou d'amener aux Etats-Unis comme membre de l'équipage un étranger quelconque, avec l'intention de lui permettre de débarquer aux Etats-Unis, en violation des lois et traités des Etats-Unis réglant la question de l'Immigration des étrangers, ou d'indiquer comme faisant partie de l'équipage un étranger quelconque qui n'en est pas membre. Le dit article fixe une amende de 5000 dollars, pour laquelle le navire peut être tenu responsable et poursuivi devant les tribunaux.

Art. 32. Aucun étranger inadmissible en vertu des lois, conventions ou traités des Etats-Unis, et employé à bord d'un navire quelconque arrivant aux Etats-Unis, ne pourra y débarquer si ce n'est pour y être soigné temporairement ou conformément aux règlements prescrits par le Ministre du Travail. Si après avoir reçu un avis écrit des autorités de l'Immigration les officiers du navire n'exécutaient pas la déportation du dit étranger réclamée par le fonctionnaire de l'Immigration ou le Ministre du Travail, l'armateur, l'agent, le consignataire ou le capitaine sera passible d'une amende maxima de 1.000 dollars.

Le navire sera responsable de l'amende et pourra être poursuivi devant les tribunaux.

Art. 34. — L'article 34 prescrit l'expulsion des Etats-Unis de tout marin étranger qui débarquera en violation des prescriptions de la loi et qui, appréhendé, sera considéré comme appartenant aux catégories non admissibles.

Art. 35. — L'article 35 interdit aux navires destinés à transporter des passagers entre les ports étrangers et ceux des Etats-Unis, d'employer à leur bord des étrangers atteints d'idiotisme, d'imbécillité, d'épilepsie, de tuberculose, d'aliénation mentale ou d'une maladie repoussante, dangereuse ou contagieuse, lorsque la condition des dits étrangers aurait pu être reconnue par un examen médical compétent au moment de l'embarquement. — Le dit article prévoit une amende de $ 50 pour chaque marin étranger malade et son hospitalisatiou jusqu'au départ du navire aux frais de ce dernier.

Art. 36. — L'article 36 prescrit que tout navire doit fournir la liste des marins étrangers employés à bord, et prévenir les autorités de l'Immigration chaque fois que les dits marins débarquent illégalement ; on doit également fournir avant le départ une nouvelle liste contenant les noms de tous les employés embarqués depuis l'établissement de la première liste, les noms de ceux qui ont été congédiés et payés et de ceux qui ont déserté ou débarqué entre temps. Une amende de $ 10 est prévue pour chaque infraction à ces prescriptions.

Art. 37 et 38. — Les articles 37 et 38 ne sont d'aucun intérêt pour les immigrants éventuels.